모서리가 꼬리를 물면

모서리가 꼬리를 물면

한선미 시집

도서출판 두엄

시인의 말

두 번째 개인 시집 『모서리가 꼬리를 물면』을 내면서……

1집 『아내는 빨간 구두를 꿈꾼다』를 내고 5년이라는 시간이 지났다. 길다면 길고 짧다면 짧은 시간이다. 코로나로 일상이 무너지는 경험을 하면서 아주 평범한 것들이 얼마나 감사한 일인지 새삼 알게 되었다. 지금은 더 힘든 시기라고 말하는 이들도 있지만, 이 또한 지나가리라는 것을 알고 있다. 그래서, 그러므로, 그럼에도 불구하고, 세상을 살아가는 방법으로 시를 쓰고 싶다. 사람을 사랑하는 방법으로 시를 쓰고 싶다. 아직 만나지 못한 시 한 편 마주 보고 싶다. 그 마음으로 두 번째 시집을 묶었다.

차례

2부 | 새벽으로 가는 시간

■

3부 | 눈을 감고 귀를 열어 보세요

4부 | 서랍장 아래 침대가 누워

■

5부 | 접혀있던 페이지가

■

제1부

길 위에 섬이 있었다

5월, 위양지

봄이 숨긴 눈물들을
하얗게 움켜쥔 이팝나무

깊은 밤
휘몰아치는 바람을
맨몸으로 맞서다가

비틀어지고
또 비틀어지다
기어이
엎드러진 거목들 사이로

옛 바람을 안고 흐르는 위양지

세월의 설움이 낯익고 또 낯설게
수면 위로 오를 때

나는 그대를 만났다

시작을 알 수 없는
고요한 뿌리로 만났다

카페 주남에서

나른해진 오후
고무줄 같은 시간을 데리고
주남저수지 둘레길을 걷다가
카페 주남에서
아메리카노 향을 바라본다

커피 향과 갓구운 빵 냄새가
아다지오로 지날 때
눈빛이 외로운 재두루미
먹이를 찾는 사뿐한 걸음이
진지하고도 서럽다

재두루미 한 마리
옹골차고도
힘차게 날갯짓한다
비상이다

초록이 초록일 때

소금이 만일 그 맛을 잃으면
무엇으로 짜게 하리요

가능성의 존재로
반짝이는 순간이 있다

꿈을 꿀 때 선명하게
초록이 된다

무성해지고
짙어지고

초록이 초록다울 때

단단해져
반짝인다

주남저수지에서 길을 본다

뚜벅뚜벅
길들이 보인다

코끝이 시큰해지고
눈에 힘을 준다

갈대는 바람을 물고
허리춤을 춘다

눈가가 따뜻해진다

귀가 쫑긋한다
낯익은 소리 어디서 나는 걸까

두리번거린다

가라앉은 마음이
수면 위로 떠오른다

무엇이
이곳으로 이끌었을까

귀산 바다

추억이 몽글몽글하게

귀산 해안도로를 따라
카페 코델리아에 스민다

난로에 낡은 몸을 데우며

지는 해를 맞았던 날이
바다의 기억 속에 선명해지는데

해는 기울어가고
몽환의 생각은
흩어져가네

감천문화마을 굽이굽이 미로길

골목골목 꽃길이다

달고나 할머니가 정겹고

커다랗게 떠다니는 물고기
어린왕자와 사막여우

포토존이 반갑다 작은 박물관에는
피난민들의 고달픈 삶이 달동네
흑백의 추억으로 꿈틀댄다

나만의 낙서가 갤러리를 채우고
하늘마루에서 내려다보는 쉼
파스텔톤이다

마을 사람들 삶이
감천문화마을 길에서
흐드러지게 눈부시다

길을 잃다

길을 따라가면
앞에서 먼저 찾는 보물찾기
행운은 잡히지 않는다
풀숲을 들어가거나 나무 위를
올라야 한다

가고 있습니다
기억의 틈 어딘가에
당신이 굴절되어 있습니다
왜곡된 우리가 서 있습니다

길을 잃으면
그때부터 시작이다

가슴 뛰는 길
찾아야 한다

보문호수 길에서 봄을 기다리다

나지막한 바람에
수양버들이 부들거리고

호수길을 걷는다

바람이 물살을 건드릴 때마다
찰랑거리는 소리가 경쾌하다

손님을 태우지 못한 오리배들
기다림은 길어지고

아직은 햇살이 보이지 않는
귀가 아리는 오후

동피랑1길 이정표를 만나다

중앙시장 골목을 따라 자라온 통영이
구석으로 몰린 오르막길에서 굽은 삶을 만났다

가리비 두 망을 양손에 들고 오르는
아주머니의 억센 표정에서

홍합 다라이를 이고 오르는
할머니의 가난한 뒷모습에서

바다에서 건져낸 길의 이정표를 만난다

동피랑1길 아름드리나무 그늘 아래 쉼터가 꺼내 놓은 이야기
지나온 굽은 길마저 구수하고 구수하다

동백꽃 붉은 계단이 통영 바다를 품에 안고
올망졸망하게 뻗어낸 노을

이정표 없이 그려낸 삶의 그림이 눈물 나게 정겹다

눈으로 오다가

이른 아침에 내리던 눈이 비로 바뀌었다
어찌나 부지런한지 내가 일어나기도 전에 가버렸다
눈으로 오다가 비로 온다
모양이 바뀌니 이름도 바뀌었다

이름이 다르다는 건 무엇일까
고유한 성질이 바뀌는 걸까 형태만 바뀌는 걸까

지붕 위에 나뭇가지에 먼 산에
나는 어떤 이름을 부를 것인가

이름을 부른다는 것은 설레는 일이다
기대를 담을 수 있다
크게 또는 조용하게 읊조리듯 부를 수도
단호하게 혹은 속삭이듯 부를 수도 있다
높낮이를 조절할 수도 있겠다

아쉬움은 눈이 쌓인 흔적이다

장날

손수레가 집을 나섰다
들숨과 날숨 사이 보도블록 틈과 틈 사이가 덜컥댄다
장갑 끼지 않은 손은 발갛다
시큼하고 짭조름한 냄새가
좌판을 따라 줄을 선다
어물전에서 조기가 줄을 서고
건어물전에서 김이 줄을 선다
표고버섯과 딸기 즉석 어묵과 찐 옥수수
오고 가는 흥정이
검정 봉지와 손수레 바퀴를 누르고

돌아오는 길은
묵직하게 뒷짐을 진다

마흔다섯인데

죽은 그가 부고를 보내왔다

심장마비기도 하고 자살이기도 해 셋째가 돌도 되지 않았잖아 장례식장은 텅 비겠지 그래 알아 사람들은 내가 사지로 몰렸다고 하는데 오히려 사는 게 사지였어 삶이라는 늪은 사지를 옭조이고 벗어나려 버둥거릴수록 숨을 쉴 수 없게 해 남겨진 아내와 세 아이가 걸리지 않냐고 물을 테지만 내가 있어야 가족도 있는 거잖아 사람은 그런 거잖아 어쩌면 아내에게 나는 짐이었을지 몰라 떼 내고 싶지만 떼 낼 수 없는 우리는 서로에게 뻔뻔할 수 있지 않나 그건 나 스스로에게도 마찬가지지 그래서 뭐 어쩌라고

길 위에 섬이 있었다

주남로 184번 길에서
문득
만나게 되는 아침

길 위에 섬이 있었다

이제까지 만나지 못하여
한 발짝 고요하게
축축하고 서늘하게

한 걸음
한 걸음

애정을 담을 때마다
소리를 낸다
보지 못했던 풍경들이 소리를 낸다

가슴이 시리다 눈물이 난다
그리움이 낯설다

보이지 않던 풍경들이
먹먹하게 보이는 아침

제2부

새벽으로 가는 시간

풍등

내려앉은 하늘에 검게 풍덩
삐뚤삐뚤한 마음을 꾹꾹 눌러쓴 풍등 하나 띄운다
소원이 자꾸만 기우뚱거린다 위태롭다
풍등 빛이 골목을 따라가며 가물거린다 바람에
맞서지 않고 흐를 수는 없을까
재개발지역 빈집은 늘어나고 출입이 통제된
가로등이 지지직거린다
깨진 자리에서 쪼그라든 삶이 끈 풀린 플래카드처럼 펄럭댄다
관계자 외 출입금지 굽은 등은 어디에나 있지
휘어진 빛으로 마음을 열 수 있을까
마음 밭은 이미 풍등으로 가득한데
은하수를 밝히지 못한다 연못만 밝히다 사그라든다

물웅덩이를 밟고 가는

  길어진 그림자를 자동차 바퀴가 밟고 간다 사람들 사이로 어깨들이 부딪히고 자동차가 비틀거리며 미끄러진다 비 오는 밤거리는 번들거리는 네온사인을 쏟아내고 우산 쓴 사람들 틈에 오롯이 비를 견디며 가는 사람. 젖은 머리카락에서 꼬물거리던 빗물이 어깨를 타고 흘러내린다 물웅덩이를 밟고 가는 걸음이 쓸쓸하다

  재촉하거나 멈추지 않고 길을 맞서며 걷는 그 한 사람. 보고 싶다 지나온 시간 또 마주할 시간 어디쯤 만났을 수 있었으리라 마주 볼 수 없다면 어깨를 나란히 걷는 것도 좋으리라

겨울비

베란다로 보이는
비 내리는 풍경이 정겹다
등교하는 학생들 우산들이 정겹고
횡단보도 지킴이의 안전봉이 정겹다
그 풍경 속으로 서둘러 들어가는
출근길 아침
톡톡 떨어지는 빗소리를 기대했는데
둔탁한 얼음알갱이로
자동차 아래를 긁어대는 소리가

위태롭다

보이는 것은 실체가 있지만
보고 싶은 대로
굴절된 모습으로 서 있다

나를 줍다

흑백사진 속
웃음소리가
뚜벅뚜벅 걸어 나온다

아침 사과가
꺼내먹는
야금야금 추억

아. 흑백 세계에 살고 있는
추억 속에서

노랗게 물든 은행잎이
나를 건져 올리는 아침

房으로 가는 길

끝에 무엇이 있을지
궁금해하지 않은 채
길이 있어서 걸었다

바쁘게 흔들리는 발걸음이
한낮의 태양을 풀무질하고

종종걸음으로 건넌 하루가
어스름이 내려앉은 저녁을 데리고
토닥인다

앞만 보고 걸었던 시간이
안쓰러워 가만히 안아본다
잠깐은 멈춰도 좋다고
때로는 옆길에 눈길을 줘도 된다고
손잡아 토닥인다

바람 사이로
길이 꿈을 꾼다

한 발짝 한 발짝
조용히 내딛는 발걸음이

하루해가 낮게 머무는
길 끝에서
문을 연다

새벽, 빗소리

빗소리가 좋아
새벽이 눈을 뜬다

베란다에서 내려다본 거리
몰아치는 빗소리가 잔치를 한다

잔칫상에 올려본 내 마음의 고요,
그리움의 소리

더위에 지친 이들에게 그늘을
달궈진 아스팔트에 쉼을

아. 새벽
소리마저 시원하다

소리의 파장

라디오를 켠다 FM 98.1
지지직대던 소리가 접힌다

상처들이 떨어진다
떨어진 소리는 공명이 없다

싱잉볼 바라본다
진동을 두드린다
부드럽게
조금씩 강하게 문지른다
파장이 파장을 그리는 원

소리의 세포가 일어난다
상처의 틈을 메운다
파장이 차오르고
진동의 하모니가 된다

깊다

시월, 愛

삼동 교육단지를 지나던 시월이
여고시절 그 길에 섰습니다

메타세콰이어길을 걸어봅니다
같이 걷던 길을 혼자서
뚜벅뚜벅 걸어봅니다

괜스레 서성이다가
우산 하나가
비를 기다립니다

오지 않은 편지에
밤새워 답장을 쓰고

이제는 울릴 리 없는 전화벨을
시월보다 먼저 기다려봅니다

다시는 오지 않을
그때의 어둡게 빛나던
시월이 보고 싶습니다

겨울을 건너며

속이 비면 추운 거라고
아침을 챙기시던 엄마의 얼굴 속에
겨울은 이미 와 있었다

울컥
겨울은 알았나 보다

건널 수 없었던 공간들이
코로나 사이로 빠져나가고

눈물 나도록 매섭다
코끝에서 찡하다

마흔 끝자락에 서다

서서히 몰려오는 먹구름이 하늘을 가리면 비가 오리라 예측을 돌아 어떤 일이든지 일어날 수 있다 변수가 있다 그럼에도 놀랄 일도 걱정할 일도 없다 경험으로 짐작할 수 있다 두려울 것 없이 부딪히면서 방법을 찾으리라 혹 그것이 좋은 결과를 가져오지 않는다고 해도 그 또한 감당하리라 10대를 고민하며 20대를 아파한다 30대를 열심히 살아내고 40대에 경험치를 축적해본 사람은 안다 이 또한 지나가리라 모든 순간이 의미 있고 가치 있다 나를 고스란히 살아내는 힘이 있다

꿈에서 詩를 쓴다

깨어있는 시간
틈이 없다

아들을 깨워 학교를 보내고
출근을 서두르고
저녁을 고민하고 그러고
끄적이는 시간

만나고 싶다
시간 틈에서 오롯하게 건져낸 詩

그리움을 안고
암호 같은 언어들이 자라고
소통하지 못해
밤새 허공을 헤집다가
떨어지는 기역 니은 디귿

꿈처럼 詩를 쓴다

나를 바라봐

당신을 향해 웃는 나는 인형이에요
눈도 웃고 입도 웃어요
거울을 보며 웃는 연습을 해요
목소리에도 웃음을 불어넣어요
이른 아침부터 웃다 보면 얼굴이 경직되고 어색해져요
긴장이 느슨해지면 어김없이 물어오죠 표정이 왜 그러
냐고
요즘 입꼬리를 올리는 수술이 유행이래요
첫인상이 좋아지는 수술이라나 그렇대요 나도 할까 봐요

당신의 눈길은 자꾸 불편해져요 나도 사람이 되고 싶
어요

그런데 말이에요 나는 나인 거잖아요
미안한 생각이 들어요 내가 나에게 그러면 안 되잖아요
당신이 나를 봐주지 않으면 뭐 어때요 당신에게는 하
나도 미안하지 않아요
당신을 향한 웃음이 나에게로 와 상처로 뿌리내려 곪
아가고 있어요

숨을 몰아쉬어야 해요 아주 잠깐 숨을 멈추기도 해요
내 상처에 손을 얹고 싸매고 다독여야 해요
나는 더 이상 인형이 아니에요

통증의 무게

벽난로 안으로 장작을 삼각형 모양으로 쌓는다 종이
와 불쏘시개를 사용해 불을 붙이고 피가 돌지 않던 허
리가 펌프질을 시작한다 혈관을 타고 돌아눕는다 허리
의 무게는 얼마인가 편두통이 간헐적으로 널뛰기를 한
다 혈관이 조여오고 생각을 마비시키는 근육통 순간
눈을 감고 귀를 연다 타닥대는 모닥불이 주변의 소음
을 삼킨다 화음으로 찾아가는 여정의 안부가 기특하다
통증은 서서히 일어서고 무게가 전해지는 데는 시간이
필요하다 정교하게 유효기간을 새긴다 습관은 아직 살
아있다

새벽으로 가는 시간

벌레가 나왔다 작았던 벌레가 기어오면서 점점 커졌다 움직일 수가 없다 도망가지도 벌레를 잡지도 못한다 발끝에서부터 스멀거림이 머리끝에 다다랐을 때 머리털이 곤두서고 숨이 쉬어지지 않는다

베란다 창문을 열었다 비 오는 새벽바람이 훅 얼굴을 치고 들어와 조인 숨통이 느슨해진다 개구리울음이 꿈결처럼 아련하게 들린다 베란다 쪽으로 몸을 내밀고 귀를 기울였다 비바람 소리에 섞여 가느다랗게 들리는 소리는 분명 개구리 소리였다

잠에서 나왔는지 잠으로 들어갔는지 알 수 없는 새벽이다

찻잔을 기울이며

맨드라미 같은 웃음소리가
투명하게 피어나던 그때

친구야
하얀색 레이스가 달린 블라우스를 입었던 네가
엉뚱하게도
해바라기를 닮았다는 생각을 했었지

친구야
낙동강 황량했던
억새가 쓸쓸하게 춤추고 있었던 언덕에서
우리의 마지막 십 대를 배웅하고 왔었지

친구야
결혼을 하고 아이를 낳고
아이들이 그때의 우리 나이가 되어가고
추억을 더듬을 너와
찻잔을 기울이며
또 하나의 추억으로 기억하는 오늘

네가 있어
반갑다

제3부

눈을 감고 귀를 열어 보세요

그 집 단팥죽

입구에서부터 스카프며 옷이며 가방이며
한땀 한땀 정성이 묻어난다

달달하고 따끈한
단팥죽을
그리움으로 먹는다

수제품 한 켠
1982년도 국어책
산수책 도덕책이
그리움으로 가지런하다

원이대로 774번 길
365 마트를 지나다 보면
만나게 되는 그 집 단팥죽

오늘도 단팥죽의 그리움으로
문을 두드린다

가을愛

뿌리가 흔들리는 낙엽을 따라
생각들이 다니는 오후 시간이
낮고 조용하게 미끄럼틀을 타고
이 모양 저 모양의 상처들이
굽이치고 휘몰아치고
나지막하게 옹이를 보듬으면
까마귀 소리가 저만치 내려앉는다

한 땀 한 땀 몽글몽글하게

추억이 말을 건넨다

다른 시간에서
몽글몽글하게 끌어당기고

다정하게
한 땀 한 땀
기억들이 소환된다

희미해진 조각이 점점 선명해지고
끊어진 조각조각을 맞추고 끼워
제자리를 찾아갈 때

한두 조각을 찾을 수 없어
완성하지 못한 퍼즐

한 땀 한 땀
몽글몽글한 시간을 걷는다

부엉이 마을

제황산 부엉이 길을 오른다 느리게
뒷짐을 지고 오르막길을 걸으면
길은 꼬부랑길이 된다

부엉이 마을에는
해군부엉이
할머니부엉이 아기부엉이
마을 사람들 같은 이야기 품고
늘어선 벽화가 있다

부엉이 마을 위쪽 벚꽃로
50번 길에서 고요하게 만나는 맨 안쪽
마당에는 벚나무가 있다
벚꽃은 흐드러지게 됨이다

눈의 사명

민들레를 보는 사람은
주변을 살필 수 있는 사람이다

바쁘게 살아가는 동안 발아래
민들레를 얼마나 스쳐 갔을까
어떤 날은 밟고 지나갔으리라

눈이 있었으면 좋겠다
발아래
주변을 볼 수 있는 발걸음을
멈출 수 있는
눈이 있었으면 좋겠다

그 눈으로 세상에 온기를 만들고 싶다

눈에는 책임이 있다

본다는 것은 이해하고
안을 수 있어야 하리라

모든 눈들은
사랑할 수 있어야 하리라

단정공원에 서다

단정로 76번 길을 크게
한 바퀴 돌다 마주한
상남단정공원 표지석

김원봉과 함께 의열단을 조직하고
항일무장 독립운동을 하다
옥사에서 순국한

단정 배중세
건국훈장 애국장에 추서되다

창원도호부 상남면 토월리
옛 지명이
상남동 토월성원아파트에
상흔처럼 남았다

내가 사는 동네에서 태어나 자랐을
민족의 독립을 향한
배중세의 걸음걸음이

내가 밟고 선 여기
이곳에 스며들었으리라

역사의 현장에서
가볍게 몸서리친다

하늘바라기

하늘을 올려다보는 눈동자에
구름도 있고 바람도 있었다
자꾸만
날아갈 것만 같은 너는
구름도 되었다가
바람도 되었다가
그 하늘을 눈 속에 담아
꿈을 꾼다

상복공원

부고장 날아왔다 눈 올 것 같은 하늘
검붉게 내려앉아 상복공원 바람 분다

하얗게 국화꽃을 올린다
아직 오지 않은 봄인데 사진 속 개나리 닮은 웃음이 말을 한다
겼잘싸(겼지만 잘 싸웠노라고)

검은 조문객 사이로 어린 상주는 초록하다

주차장이 돌계단을 오르며 만난 풀 한 포기
목숨줄 부여잡고 하얗게 싸우고 있다
세상으로 묵묵히 부고장을 옮기고 있다

붕어가 없는 붕어빵에서

차들이 신호등의 꼬리를 물었다
횡단보도를 건너는 걸음이 바람 냄새를 뱉고 있다
사람들이 밀물과 썰물로 지나간다 그 옆으로 붕어빵이
익고 있다
붕어빵의 냄새가 추억으로 유인한다 2마리 천원 계좌
이체 가능
팥과 슈크림 맛 붕어빵에는 붕어가 없다

슈크림을 좋아하는 너는 꼬리부터
팥을 좋아하는 나는 머리부터

바람 냄새를 따라 야금야금 먹는다
3마리 천원에서 2마리 천원으로 오른 붕어빵에서

숫자가 늘어나는 마이너스 통장에서
바닥을 치는 살림살이는 두통을 몰고 온다
죽음을 마주하는 순간이 있다
붕어빵을 사드시던 건너편 25층 할머니
열흘이 지나 고독사로 발견되었다는 안타까운 얘기가

바람을 타고 눈과 코를 매섭게 찌른다

오늘도 붕세권에서 붕어 없는 붕어빵을 야무지게 먹는다

외할머니의 커피

연꽃무늬 찻잔과 받침 세트를 그릇장에서 꺼냈다
아침에 내린 커피를 찻잔에 붓고
향을 한 번 음미하고 커피를 한 모금 마신다
온기가 목젖을 타고 식도로 내려가는 느낌이 좋다
커피의 따뜻함이 온몸에 퍼지며 아지랑이 같은 기억
피어난다

할머니 할 머 니
미구마을 입구에서부터 비포장도로를 달음박질한다
야트막하게 언덕을 오르고 몇백 년은 됨직한 은행나무
품은 재실을 지난다
돌담을 쓰다듬으며 튀어 들어가서
버선발로 싸리문까지 나온 할머니 품속에 달려드는 여
자아이

외할머니는 숭늉 드시듯 커피를 사발에 타드셨다
우리 똥강아지 우리 똥강아지
궁둥이를 두들기며 이뻐해 주셨던 외할머니는
엄마의 엄마가 아니셨다

사진으로만 본 진짜 외할머니는 엄마가 시집가기도 전에 돌아가셨단다

　가슴 한 켠에 생채기 하나쯤 있을 거야
　상처가 곪아 숨을 몰아쉴 때도 혹은 아주 잠깐 멈출 수도 있겠지
　함께 한다는 건 상처에 손을 얹고 싸매고 다독이며 나누는 거지
　잘 생기고 못 생기고 잘 살고 못 살고
　모든 게 쓸모없어지는 게 사랑이지

낙동강 둑방에 서다

낙동강 물길을 따라
코스모스가 굽이굽이 흐르고 있다

꿈결같이 흐른다

외할머니와 할머니 댁 창녕과 의령 사이
낙동강이 있다

어떤 꿈은 하얗게
어떤 꿈은 연분홍으로

하늘은 자주빛으로 물들었다
코스모스길 끝에서 시리도록 맑다

낙동~강 강바람~에

이제는 들을 수 없는
아버지의 애창곡을 바라본다

낙동~강 강바람~에

그 시절 뱃사공 따라
아버지는 간데없고

소주 한 잔에 처녀뱃사공
아버지의 목소리가
낙동강변에 흐드러지게 피고 있다

눈을 감고 귀를 열어 보세요

청각과 촉각에 기대어 걸어요
어둠이 들이닥치기 전
보이지 않는 것들을 상상해요
한 번 한 번
손을 더듬어 발을 내디뎌요

파란 대문을 나와서 오른쪽으로 걸어요 열 걸음을 지나
왼쪽으로 휘어진 골목. 눈에 보이지 않는 것들을 쓰다듬
으면 탁 트인 곳을 마주하게 돼요 감천에서 시작된 하천
은 빨래터를 지나요 서너 명의 아주머니가 위쪽에서 빨래
방망이질을 하고 있어요 아래로만 흘러내리는 눈물을 보
지 않는 아이들. 온 길만큼 가다 보면 골목을 빠져나와
첨탑이 있는 서부교회를 지나 큰길 건너편에 계림다방이
있어요 다방마다 눈에 보이지 않는 냄새가 있어요

눈을 감아요 감각이 곤두서요
드러난 것들은 더욱 선명해져요

좋아하는 일을 하세요 그거면 충분해요

나의 생체리듬이 당신과 다를 수 있어요
메시지를 확인할 필요도 답을 할 필요도 없어요
방해하고 싶지 않아요
우리는 복잡하게 얽혀 있어요
한정된 에너지를 효율적으로 사용해야 해요
가려진 것에서 정교한 것을 찾아내야 해요
유효기간은 정해져 있지 않아요
나의 색채를 넣어 빚어보세요
어둠 속에서 더욱 반짝일 수 있어요
보이는 것은 보이는 대로
보이지 않는 것은 보이지 않는 대로
개똥벌레가 반딧불이가 되는 시간

꽃이 떨어진 자리

언 강가에서
나를 건져 올려
마른 가지에 널었다

꽃망울이
톡톡

청춘을 가득 담은 꽃대는
여름날 햇볕에
떨어지고

열매가 맺혔다

땡글땡글 매달리다가
열정 가득한 햇볕에 영글어

오롯이 견뎌낸다

아름다울수록
향도 깊다

4부

서랍장 아래 침대가 누워

모서리가 꼬리를 물면

우울증이 모서리에 부딪혀요
보이지 않았던 어둠이 환장하게 일어서요
해피엔딩과 새드엔딩의 어디쯤
벽들은 퍽 닮아 있어요
생각이 모서리에서 굴절돼요 네모지게 구르고 또 굴러요
매듭은 세모로 동그라미로
모서리에서 끝난 모서리가 또 시작해요

머릿속의 정원 팔을 뻗어요 위로 뻗어요
하늘을 향해 웃자란 가지는 싹뚝 가지치기를 해야 해요
잎사귀를 떨구며 겨울을 지고 가요
자작나무의 맨살은 겨울 속을 달려요
무성했던 나뭇잎이 어둠을 떨어뜨릴 때
절대값과 상대값은 연결되어 있어요

귀퉁이 텃밭에 문장을 심어요 겨울이 시작될 때 아주
심기를 해요
칼바람을 견디면 문장에 힘줄이 생기지요
문장이 깊어갈수록 겨울은 달고 맛있어지지요

바람이 적당하고 햇볕이 적당해요
옆구리가 생각을 접고 접어서 종이비행기처럼 날려요

삐 돌아온 소리

달팽이관을 지나 목구멍 안쪽에서 달그락 소리가 난다

지난여름 고성바닷가에서 보았던 털게가
달그락거리는 소리 접시 위에서 집을 지은 걸까
간질거리는 소리 당신에게 보낸 내가
나에게 돌아와 다시 부딪힌다
방파제가 밀려갔다 돌아온 소리처럼
접시에 담겼던 털게가 걸어간다
수직 낙하하는 허기가 부서진 건가

접시가 쓰러지는 소리
고막을 뒤흔드는 소리

내 방 같은 바다 깊숙이 소리는 지나가고
남아있는 이명이 귓속을 헤집는다

떨어진 파편이 발등을 스쳤다 상처가 보인다
소리의 피선이 선명해지며 털게 울음이 된다

안 먹고 싶어요

은설이의 입술이 젤리를 따라간다
울 것 같다
간신히 참아내고 있는 눈망울

안 먹고 싶어요
내 안에도 어린아이와 같은 청개구리가 살고 있다
입술이 배가 고프다는 생각을 먹는다 허기가 져서 먹
기도 하고 어떨 때는 먹고 싶다는 입술이 나를 먹기도 한
다 무엇을 먹을 것인가 달콤한 냄새, 침샘을 자극하기도
하고 바삭하게 유혹하기도 하는 무엇을 먹고 싶은가 먹
고 싶은 것들이 눈을 감추기도 하고 (예의 같은 것) 숨기거
나 시선을 돌리거나 다른 것을 먹기도 한다

나는 여전히 반대로 말을 먹는다 식욕에서 점점 커져
가는 청개구리 같다

그 날 마산

일천구백칠십구년 시월 십팔일
그 날의 마산은

어둠이 소리를 누르고 추락하는
비가 마산역에서 함성에서

학생들은 담장을 넘고
민중은 거리 거리를 메웠습니다

위수령으로 묶인 함성을 들고서
마지막 숨을 더 높이

휘어질지라도 꺾이지 않습니다

대검 꽂힌 M16 군홧발
새벽을 조여와도

쫓기는 발걸음
더 멀리 토해내겠습니다

민주항쟁의 길을 따라

그 날 마산 그 날 냄새가
망막마다 선명해집니다

그림자는 외로움에 닿아 있다

하늘이 어둡게 내려앉는다

비릿한 냄새가
걸어간다

저녁 그림자는
땅으로 스며들고

빗줄기
쓸쓸하게 빛이 난다

마음을 자르는 일은
쉽지 않아서

가느다란 호흡으로
붙들고 있다

외로움은 은유로 가득하다

入뽓저수지에 단풍이 내린다

가을바람 소리가 수면에 내려앉으면
바람결에 속살거리는 간지럼이
부끄러워 일렁이는 물길을 따라
저수지에 몸을 담근다

일제강점기 백성들의 아픔을
품어서일까
오랜 시간 저마다의 사연들을
풀어놓고 간 까닭일까
저수지 아래로
아래로
붉은 울음으로
가라앉는데

가을 하늘이
날 선 하늘빛이
투명하게 서럽다

멍 때리기

전방주시를 하지 않았다

중력가속도에 관한 책을 들고 걷다가 얼굴을 찧었다

문장이 벌겋게 부어오르고 피멍이 든다 돌발상황 멈추어야 했다

시선을 멈춘다 호흡도 가늘고 느리게

외로운 시간을 건너서 너를 만나는 지점

멍 때린다 사람들의 피로가 웅웅거린다 꿈을 꾸고 있는 걸까

지구의 중력이 달을 걷는 기분이랄까

감기약을 먹고 몽롱하게 헤롱거리는 것처럼

둥둥 떠다니다 중력이 내려앉는다

눈에 힘을 빼야 해 책장을 넘기다 흐려진 초점

생각에 찌든 눈을 보호하자 촘촘하게 얽힌 뇌에 산소를 공급해야지

중력이 내려앉은 책장에서 문장이 펄떡펄떡 튀어나온다

감정 쓰레기통

비가 시작되면
흙냄새가 훅 올라온다
텁텁하고도 비릿한 냄새
발바닥에서부터 정수리까지
서늘하고도 낮게
부르르 몸서리치는 생각들

비가 내리는 길에 발을 들이면
길을 잃게 된다

하나의 생각으로
깊이를 알 수 없는 공간은
출구를 찾을 수 없다

내 속에 있지만
내 것이 아니다

넘치기 전에 비워내야 한다

4월, 바다에 침몰하다
— 세월호참사 10주기를 기억하며

해무가 스며들고
불안이 가라앉아

청춘이 삶을 부여잡지 못하고

모가지 채로
툭

꽃이 침몰한다

힘있게 올라오는
생명의 소리 더는 보이지 않아

4월은, 아 4월은

가슴 언저리에 돌멩이 하나
침몰하고 있다

뷔페

접시를 들고 줄을 선다
앞사람을 따라 음식을 접시에 덜거나 건너뛴다
놓을 자리가 없을 때까지 반복하다가 자리에 앉아 먹
는다
죽과 샐러드를 시작으로 초밥과 스테이크를 먹는다
한 접시를 비우고 일어나 다시 접시를 들고 줄을 선다
놓친 것이 없는지 눈을 부릅뜨고 음식을 살핀다
진지한 자세와 냉철한 눈빛에 음식의 빛깔마저 긴장하
고 있다
두 접시를 비우고 또다시 접시를 든다
마지막은 역시 과일과 커피가 대세다
달콤한 육즙이 터지고 쌉싸름한 향이 입안 가득하다
본전 생각나지 않을 만큼 부른 배를 두드린다

과연 본전은 무엇인가 처음부터 있기는 했을까

서랍장 아래 침대가 누워

내 방 침대는 다리가 없다 있다고 하면 안개처럼 서 있
겠다
입체적이지 않은 그림자가 침대 아래에서 다리를 뻗고
있을 수도 있겠다
침대가 나의 것이 아니거나 내 방이 아니거나

머리를 숙여 헤아려보면 그림자를 만날 수 있을까

막이 내린 무대처럼 서랍장이 서 있다
닫혀있는 서랍장 아무도 없는 무대 움직임도 소리도
없다
서랍장이 열려있다면 나의 방이 아니다 텅 빈 객석을
향해 나는 독백을 한다

불안을 닫는 습관처럼 통창인 나의 방 창문에는 커튼
이 내려져 있으리라

나의 방에는 거울이 없다 있다고 하면 거울 속에 쌍둥
이가 살 수도 있겠다

나 아닌 내가 수직의 말을 걸어오면
어찌한단 말인가 통증은 잠시 가라앉을 뿐

흐린 날은 가고 달빛이 달려드는 날이 오면
침대에 말간 다리를 세우고 커튼을 열어
통증의 목소리로 꿈을 꿀 수 있을까

거스러미

손톱 옆으로 거스러미가 일어나요 거슬려요 자꾸만 눈
이 가요

확 잡아당겨요 살갗이 쭉 뜯겨나가요

피가 상처를 뜯고 있어요

길을 지나치지 못할 때마다 나는 상처를 내요

아물지 못한 상처는 세심하지 않아요 급한 마음이 발
갛게 아려와요

떼어낸 자리를 스칠 때마다 쓰라려요

되짚어 봐요 떨어진 시간을 찾기는 어려워요

다시 붙일 수는 없는 일이죠

나는 손톱깎이를 사용하지는 않아요

어디에 뒀는지 서랍을 뒤지기가 성가셔요 두 손을 사
용해요

손가락과 손톱은 편리한 방법이지요

피부의 결과 반대로 한 번에 뜯어야 해요 통증이 와도
끝까지 멈추지 않아요

거스러미의 길은 쭈뼛거리며 늘 일어날 거에요

그때는 손톱깎이나 가위를 사용할까 봐요

제5부

접혀있던 페이지가

우편함을 들여다보는 손이

언덕이 우체통을 들고 있었다
파도가 너의 안부를 물었다
소라가 보이는 엽서에 궁금해하지 않을 나의 안부를
넣어
서성이고 있다 우체통 앞을

바다를 향해 손을 내밀었다
가지런한 손가락 사이에서 시작되는 손금이 무질서하
게 고요하다
맞잡은 손이 안부를 찾는다
세밀한 손금이 귀를 기울이지만 적막만 돌아올 뿐이다
길은 꿈으로 이어진다는 너의 말과 달리 꿈은 더 이상
길이 되지 않는다

넓은 품이 끝없이 이어진 바다
가늠할 수 없는 깊이로 파도마저 품었을지도
바다는 종일 쉬지 않고 널뛰기를 한다
언덕에서 내려다보는 마음이 바다에 닿는다
화들짝 놀란 마음이 튀어 올라 하늘을 헤집는다

집으로 들어오다 걸음이 멈춘 집 현관
빈 속을 드러내며 우편함이 입을 벌리고 있다
입 벌린 우편함을 닫는 손

바다는 옷소매에 남아
주머니 속 몽돌 두 개
차르르 차르르 부딪히고 있다

발갛게 누운 풀들 사이로

바람이 풀들을 쓰다듬을 때 발갛게 부끄러운 해가 산을 넘는다

풀들은 외로워서 서로를 부둥켜안는다 누운 풀들이 뱉어낸 외로움의 흔적들이 바람결에 흩뿌려지고 풀들 사이로 걸음이 쓸쓸해진다 조금씩 쓸쓸했던 걸음이 뚜벅거리다가 외로움이 바짓단부터 젖어 오른다 스멀스멀 기어오른 자락들은 등줄기를 타오르고 머리카락마저 쭈뼛거리며 몸서리치게 한다 그 파편들이 내 속에서 생채기를 내고 슬픔이, 가득 차오른 물길이, 늪이 된다

혼자 걸어본 사람은 안다 밀려온 슬픔이 늪이 되어 갈대숲을 이룬다는 것을

담장 위의 추억

어릴 적 내 놀이터는
정글짐이었다가

모래밭에 반쯤 박힌 폐타이어 이쪽에서
저쪽으로 건너뛰기였다가
구름다리로 또

한 뼘 되는 담벼락을 걷다가
바닥으로 점프하기였다

다람쥐가 나무를 타듯
나만의 놀이터에서
해가 지도록
한바탕 늘어지게 놀았다

그때의 놀이터가
아침 햇살에 반짝인다

아. 3월의 그대들이여

4대 대통령 5대 부통령 선거가 있던
아. 그 날 대한민국

장군동 제1 투표소
엎어진 투표함에서
무더기 사전투표가 적발되던
그 아침부터

붉은 소방차는
무학 국민학교 앞 전신주를 들이받으며
마산의 하늘은 정전이 되고

마산시청 앞에서
남성동 파출소 앞에서
무학 국민학교 앞에서

그 날 마산의 거리에는
총탄이 날았다

김주열 김용실 김영호 오성원 김삼웅
전의규 김효덕 강융기 김영준 김종술
김영길 조현대 김평도 김동섭

아. 열네 명의 넋이여
3월의 그대들이여

트롤리 딜레마

조용히 혼자가 되는 시간으로 들어가면 습하고도 눅
눅한 밤의 공간들이 생각들을 길러낸다 다수의 이익이
선이 될 수 있을까. 함께 할 수 없는 생각들이 밤의 세
계에서 가지치기를 하고 조금씩 생각이 가라앉을 때
아름답게 흔들리는 내면을 수면 위로 밀어올린다 그럴
수록 수면은 더 아득해지고 내면은 더 깊이 내려앉는
다 모든 순간 선택의 자리에 서게 된다

문

동동 동대문을 열어라
남남 남대문을 열어라

열두 시가 되면 신데렐라 어흥 호랑이
문을 닫는다
재투성이로 돌아오는 문
유리구두를 주울 시간이 없다
앞만 보아야 한다 전력 질주해야 한다

손잡이를 밀었다가 당긴다
열리지 않는 문
함부로 열면 안돼 우물에 비친 오누이
함부로 열면 안돼
문지기 문지기 문을 열어라

열쇠 없어 못 열겠네 문

찾아야 한다
이 우물에 꼭 맞는 열쇠 덜커덕 떵

길은 열어야 길이다

뎅 뎅 괘종시계
문이 닫히면 또 다른 문이
길을 나선다

하루를 내려놓은 값

어머니 손수레가 새벽을 깨운다

굽은 허리가 쪼그라든다
수레를 끄는 건지 어머니를 끄는 건지 하루 온종일
해넘이쯤 그득해진 손수레가
고물상 마당에 고단했던 하루를 내려놓은 값
칠천삼백 원
노숙자 할아버지에게 국밥 한 그릇 선물한다
말아 드시는 옆을 지키며 어머니는 젓가락으로
할아버지 숟가락 위에 부지런히 깍두기 올린다
말갛게 비운다
고개 드는 할아버지 이 빠진 웃음이 넉넉하다
이 빠진 웃음이 따라 웃는다

어머니의 새벽은 오늘도 폐지를 줍는다

겨울을 건너, 봄

휘휘 바람 소리가
겨울을 건넌다

쌉싸름한
초콜릿 같은 사랑을 꺼내
호흡이 멎은 듯한, 가지 가지마다
숨을 불어넣고
가만히 안아본다
저 먼 곳에서부터
움트는 소리 하나

내 심장에
툭
떨어진다

관계에 대하여

엄마라고 불러도 돼요?

미국인 소녀 케이티 데이비스

그렁그렁 맑은 눈망울은
열네 명 우간다 소녀들의 엄마

밥 달라는 말속에는
외롭다 보고 싶다
힘들다는 투정이 섞여 있다

귀를 기울이면 작지만 분명한
소리

울음이 움직인다

엄마가 된다는 것은
섞이다가 분명해지기도
우주가 되기도 한다

누군가의 자식이었다가
또 누군가의 엄마가 되는 것

엄마라고 불러도 돼요?

보이지 않는 목소리 속에는
모든 별들이 담겨 있다

마흔아홉의 꿈

꿈
생각만 해도 설레는 말이다
꿈을 꾼다는 것에 생동감이 느껴진다
펄떡펄떡 뛰는 심장소리

어릴 적 밤마다 꿈에서 귀신에게 쫓기기도 하고 낭떠
러지에서 떨어지다가 때로 나뭇잎처럼 바람에 날아가기
도 했던 꿈.
그래서일까. 어릴 때는 꿈이 많았다 가수가 되고 싶었
고 서예가가 되고 싶었다가 선생님이 되고 싶었다 꿈이
뭐냐고 물어오는 사람들도 많았다 무언가가 되고 싶었다
좀 더 멋진 어른이 되고자 했다

마흔아홉에 다시 꿈을 꾼다

꿈은 연분홍색이다
한 겹 한 겹의 꿈들이 피어나
연분홍 장미로 마흔아홉의 꿈으로 만개하길 소망한다

낮달의 흔적으로

달이 들어온 것은 어렴풋한 오래전 일이었다 머릿속이 간질간질해지면 마당으로 나와 돌계단을 하나씩 밟고 옥상으로 향했다 올려다보면 가깝고도 커다란 얼굴, 어렸을 때부터 나만 졸졸 따라다니던 달이 거기 있었다 내려다보는 것보다 올려다보기를 좋아하는 습관이 생긴 건 아마 그즈음이었겠지 재회의 순간이 지나고 저녁마다 달을 만났다 둥그런 이야기보따리가 홀쭉해져 버린 밤까지 떠들다가 울다가 웃음으로 울다가 돌아서기를 수없이 하였지 그러다가 조금씩 뜸해져 갔었지

며칠째 오락가락하던 비가 그치고 무심코 올려다본 하늘 아. 빛나던 너는 거기에 흔적처럼 있었다 달의 기억을 가지고 허옇게 질식되어 매달리고 매달렸다

접혀있던 페이지가

책을 버리려다 펼쳤다 접혀있던 페이지를
읽었다 찌그러지고 깨진 활자
잊고 있었던 문장이 나를 붙잡는다

바싹 마른 책에서
먼지같이 떠다니는 문장
새벽의 문턱에서 두피를 긁는다
각질이 떨어진다
닥터피시가 몰려드는 상상을 한다

나에게서 떨어져 나갔던 한 페이지가
당신을 벤다 20대 30대
우리는 무엇을 버리려 했던가

버리려 했던 문장이 하루를 붙잡는다
닥터피시가 각질을 몰아
접혀있던 페이지 한올 한올 일어난다

구석진 자리를 박차고
누워있던 문장을 세워보자

『모서리가 꼬리를 물면』에 대한 생각……

한선미

두 번째 개인시집 「모서리가 꼬리를 물면」을 묶었다. "1부 길 위에 섬이 있었다 2부 새벽으로 가는 시간 3부 눈을 감고 귀를 열어 보세요 4부 서랍장 아래 침대가 누워 5부 접혀있던 페이지가" 총 5부로 나눴다.

1부는 표면적인 길과 함께 내면적인 길, 그리고 나아갈 지향점의 길 등 "길"에 대한 이야기들이 소재가 된 시편들을 묶었다.

2부는 통속적이지만 관념적인 확장을 꾀하는 시편들을 "시간"이라는 카테고리로 묶었다.

3부는 하고 싶었던 말을 오감, 특히 "눈"과 "귀"를 대표해서 풀어낸 시편들을 묶었다.

4부는 현실과 이상 사이, 혹은 조금은 불편한 것들을 상상하면서 그 괴리를 좁히고자 했던 시편들을 묶었다.

5부는 "접혀있"는 것에 대한 생각으로 시작했던 시편들을 묶었다.

주남저수지에서 길을 본다

뚜벅뚜벅
길들이 보인다

코끝이 시큰해지고
눈에 힘을 준다

갈대는 바람을 물고
허리춤을 춘다

눈가가 따뜻해진다

귀가 쫑긋한다
낯익은 소리 어디서 나는 걸까

두리번거린다

가라앉은 마음이
수면 위로 떠오른다

무엇이
이곳으로 이끌었을까

– '주남저수지에서 길을 본다' 전문

길을 본다는 것은 단순히 '앞을 보는 것'이 아니라, 자신의 삶을 마주하는 행위로 확장할 수 있겠다. 그저 풍경 묘사일 수도 있지만, 자연 속에서 길을 바라보며 생각, 선택, 삶의 방향 같은 내면적 의미를 담고자 했다.

1연에서 '뚜벅뚜벅/ 길들이 보인다'라고 정의하고 있다. 그 길은 '코끝이 시큰해지'는 길이며 '눈가가 따뜻해'지는 길이다. '낯익은 소리'를 따라가면 '수면 위로 떠오'르는 '마음이' 있다. 8연에서 '무엇이/ 이곳으로 이끌었을까'로 마무리한 점은 조금 아쉬움이 남는다.

길 위에 섬이 있었다

주남로 184번 길에서
문득
만나게 되는 아침

길 위에 섬이 있었다

이제까지 만나지 못하여
한 발짝 고요하게
축축하고 서늘하게

한 걸음
한 걸음

애정을 담을 때마다
소리를 낸다
보지 못했던 풍경들이 소리를 낸다

가슴이 시리다 눈물이 난다
그리움이 낯설다

보이지 않던 풍경들이
먹먹하게 보이는 아침

– 「길 위에 섬이 있었다」 전문

　물리적으로 바다나 육지에 둘러싸인 섬이 도로 위에
놓였다는 뜻이 아니라, 존재하지만 주변 환경에 묻혀
쉽게 인지되지 않거나, 사회라는 넓은 길 위에 홀로 고
립된 개인이나 공동체, 혹은 섬이 가진 고립의 속성과
길이라는 사회적 연결의 이미지를 그리고자 했다.
　'길 위에 섬'은 '이제까지 만나지 못하여' '축축하고
서늘' 하다. 화자가 '애정을 담'고 나서야 '보지 못했던
풍경들이 소리를' 내고 있다.

房으로 가는 길

끝에 무엇이 있을지
궁금해하지 않은 채
길이 있어서 걸었다

바쁘게 흔들리는 발걸음이
한낮의 태양을 풀무질하고

종종걸음으로 건넌 하루가
어스름이 내려앉은 저녁을 데리고
토닥인다

앞만 보고 걸었던 시간이
안쓰러워 가만히 안아본다
잠깐은 멈춰도 좋다고
때로는 옆길에 눈길을 줘도 된다고
손잡아 토닥인다

바람 사이로
길이 꿈을 꾼다

한 발짝 한 발짝
조용히 내딛는 발걸음이

하루해가 낮게 머무는

길 끝에서
문을 연다

– 「房으로 가는 길」 전문

　'방'은 개인의 내면, 사적 세계, 혹은 보호된 공간을 나타낼 수 있고, '길'은 그로 향하는 여정, 선택, 또는 변화의 과정을 상징한다. 화자는 그동안 '앞만 보고 걸었던 시간이/ 안쓰러워 가만히 안아본다'라고 스스로를 위로할 줄 안다. 아니, 살아가는 모든 이에게 해주고픈 위로일 것이다. '하루해가 낮게 머무는/ 길 끝에서/ 문을 연다'라는 열린 결말을 통해 삶이 계속해서 나아가야 할 것이라는 말을 하고 있다.

소리의 파장

라디오를 켠다 FM 98.1
지지직대던 소리가 접힌다

상처들이 떨어진다
떨어진 소리는 공명이 없다

싱잉볼 바라본다
진동을 두드린다

부드럽게
조금씩 강하게 문지른다
파장이 파장을 그리는 원

소리의 세포가 일어난다
상처의 틈을 메운다
파장이 차오르고
진동의 하모니가 된다

깊다

– 「소리의 파장」 전문

사람이 소리를 들을 수 있는 것은 공기가 진동하기 때문이다. 즉 주파수(진동수)를 가지기 때문이다. 주파수가 높을수록 파장은 짧아지고, 주파수가 낮을수록 파장은 길어진다. '소리의 파장'은 단순한 물리적 개념을 넘어 소리가 전해지는 울림, 마음속에 퍼져나가는 감정의 진동, 시간과 공간을 넘어 이어지는 메아리 같은 파급력 등으로 확장할 수 있겠다. '지지직대던 소리'는 '상처'가 되어 '떨어'지고 '부드'러우면서 '강'한 파장은 '세포'로 '상처의 틈을 메'우기까지 한다. 결국 깊은 울림이 된다.

여름날의 꿈, 한 조각

여름밤 평상에 누워
별들을 마주하고

외할머니가 쪄주신 옥수수 옆으로
달큰한 이야기가 지나가면
옛날 옛날에로 시작되는
여름날의 소리가 뛰어나온다

할머니 무릎베개 아래에서
스르르 눈을 감는다

모락모락 모기향
한들한들 부채질

꿈결 같다
유년의 할머니

새벽으로 가는 시간

벌레가 나왔다 작았던 벌레가 기어오면서 점점 커졌다 움직일 수가 없다 도망가지도 벌레를 잡지도 못한다 발끝에서부터 스멀거림이 머리끝에 다다랐을 때 머리털이 곤두서고 숨이 쉬어지지 않는다

베란다 창문을 열었다 비 오는 새벽바람이 훅 얼굴을 치고 들어와 조인 숨통이 느슨해진다 개구리울음이 꿈결처럼 아련하게 들린다 베란다 쪽으로 몸을 내밀고 귀를 기울였다 비바람 소리에 섞여 가느다랗게 들리는 소리는 분명 개구리 소리였다

잠에서 나왔는지 잠으로 들어갔는지 알 수 없는 새벽이다

— 「새벽으로 가는 시간」 전문

일반적으로 새벽은 밤과 아침의 경계, 즉 0시~6시 사이를 의미한다. '새벽으로 가는 시간'은 이 시간대 중 어둠에서 빛으로 넘어가는 시점, 흔히 새벽 3~5시를 가리킬 수 있다. 시나 소설에서는 단순한 시간대가 아니라 심리적·정서적 상태를 나타낼 때가 많다. '새벽으로 가는 시간'은 곧 내면과 마주하는 시간이며 변화 직전의 준비, 잠재력의 시간으로 볼 수 있겠다. 화자는 흡사 몽유병 환자 같다. 비몽사몽 간 본 것과 들

은 것이 꿈결처럼 아득한 중에 '잠에서 나왔는지 잠으로 들어갔는지 알 수 없는 새벽'에 경험한 것을 통해 내면의 자아와 마주한 느낌을 들게 한다.

눈을 감고 귀를 열어 보세요

청각과 촉각에 기대어 걸어요
어둠이 들이닥치기 전
보이지 않는 것들을 상상해요
한 번 한 번
손을 더듬어 발을 내디뎌요

파란 대문을 나와서 오른쪽으로 걸어요 열 걸음을 지나 왼쪽으로 휘어진 골목. 눈에 보이지 않는 것들을 쓰다듬으면 탁 트인 곳을 마주하게 돼요 감천에서 시작된 하천은 빨래터를 지나요 서너 명의 아주머니가 위쪽에서 빨래 방망이질을 하고 있어요 아래로만 흘러내리는 눈물을 보지 않는 아이들. 온 길만큼 가다 보면 골목을 빠져나와 첨탑이 있는 서부교회를 지나 큰길 건너편에 계림다방이 있어요 다방마다 눈에 보이지 않는 냄새가 있어요

눈을 감아요 감각이 곤두서요
드러난 것들은 더욱 선명해져요

좋아하는 일을 하세요 그러면 충분해요
나의 생체리듬이 당신과 다를 수 있어요
메시지를 확인할 필요도 답을 할 필요도 없어요
방해하고 싶지 않아요
우리는 복잡하게 얽혀 있어요
한정된 에너지를 효율적으로 사용해야 해요
가려진 것에서 정교한 것을 찾아내야 해요
유효기간은 정해져 있지 않아요
나의 색채를 넣어 빚어보세요
어둠 속에서 더욱 반짝일 수 있어요
보이는 것은 보이는 대로
보이지 않는 것은 보이지 않는 대로
개똥벌레가 반딧불이가 되는 시간

– 「눈을 감고 귀를 열어 보세요」 전문

　'눈을 감고 귀를 열어 보세요'라는 말은 단순히 감각을 바꾸라는 권유가 아니라, 시각적 정보에 의존하지 않고 청각에 집중하라는 의미로 읽을 수 있다. 눈을 감으면 보이는 세계는 사라지고, 대신 들리는 세계가 또렷해진다. 평소엔 무심히 지나쳤던 것들이 더 깊이 다가온다. 이는 곧 내면의 집중, 사유, 감각의 확장을 의미하기도 한다. 눈을 감는 행위는 외부의 화려한 자극을 차단하고, 귀를 여는 행위는 다른 차원의 세상과 나를 연결하는 길을 여는 것이다. 겉으로 보이는 것보다 들리고 느껴지는 것에 귀 기울이라는 것으로 해석할 수 있겠다.

어릴 적 성탄발표회가 있던 24일 밤에 도무지 앞이 잘 보이지 않던 그때, 골목골목 벽을 더듬으며 교회로 갔던 그 경험을 상상하면서 좀 더 사실적인 장면을 불어넣고자 했다. '보이는 것은 보이는 대로/ 보이지 않는 것은 보이지 않는 대로' 그 가치는 충분하다. 그리고 그것을 알 때 비로소 '개똥벌레'는 '반딧불이'가 될 수 있다.

모서리가 꼬리를 물면

우울증이 모서리에 부딪혀요
보이지 않았던 어둠이 환장하게 일어서요
해피엔딩과 새드엔딩의 어디쯤
벽들은 퍽 닮아 있어요
생각이 모서리에서 굴절돼요 네모지게 구르고 또 굴러요
매듭은 세모로 동그라미로
모서리에서 끝난 모서리가 또 시작해요

머릿속의 정원 팔을 뻗어요 위로 뻗어요

하늘을 향해 웃자란 가지는 싹뚝 가지치기를 해야
해요
잎사귀를 떨구며 겨울을 지고 가요
자작나무의 맨살은 겨울 속을 달려요
무성했던 나뭇잎이 어둠을 떨어뜨릴 때
절대값과 상대값은 연결되어 있어요

귀퉁이 텃밭에 문장을 심어요 겨울이 시작될 때 아
주심기를 해요
칼바람을 견디면 문장에 힘줄이 생기지요
문장이 깊어갈수록 겨울은 달고 맛있어지지요

바람이 적당하고 햇볕이 적당해요
옆구리가 생각을 접고 접어서 종이비행기처럼 날
려요

– 「모서리가 꼬리를 물면」 전문

'모서리'는 사물의 '끝'인데, 그 끝이 또 다른 끝을
물어 이어진다면, 단절이 아니라 순환 연속성을 암시
한다. 직선적인 세계가 아니라 원형적인 흐름을 만들
어내는 느낌이다.
1연 1행이 '우울증이 모서리에 부딪혀요'로 시작된
다. '우울증이 모서리에 부딪'힌다는 것은 어떤 것일

까? '우울증이' 가만히 있는 '모서리에 부딪'힌다는 상상이 새롭다. '모서리'는 끝인 동시에 시작일 수 있다. '부딪'힌 끝이 시작이 될 수 있는 것이다. 그래서일까? '해피엔딩'과 '새드엔딩'마저도 '닮아있'다고 말하고 있다. 생각이 '모서리'에서 굴절되면 '머릿속'을 '정원'처럼 상상할 수도 있겠다. 그 '머릿속'의 생각이 또한 절대적이고 상대적일 수 있다. '머릿속' '정원'의 한 '귀퉁이'에서 길러낸 '문장'이 '바람이 적당하고 햇볕이 적당'한 때에 날아오르는 꿈을 꾼다는 상상을 해볼 수 있다.

▥ 돌아온 소리

달팽이관을 지나 목구멍 안쪽에서 달그락 소리가
난다

지난여름 고성바닷가에서 보았던 털게가
달그락거리는 소리 접시 위에서 집을 지은 걸까
간질거리는 소리 당신에게 보낸 내가
나에게 돌아와 다시 부딪힌다
방파제가 밀려갔다 돌아온 소리처럼
접시에 담겼던 털게가 걸어간다
수직 낙하하는 허기가 부서진 건가

접시가 쓰러지는 소리
고막을 뒤흔드는 소리

내 방 같은 바다 깊숙이 소리는 지나가고
남아있는 이명이 귓속을 헤집는다

떨어진 파편이 발등을 스쳤다 상처가 보인다
소리의 피선이 선명해지며 털게 울음이 된다

- 「삐 돌아온 소리」 전문

"삐"라는 짧고 날카로운 소리가 어떤 단절, 경계, 신호 같은 의미를 갖고, 그것이 '돌아온 소리'라면 다시금 삶 속에서 반복되거나 되살아난 기억의 소리를 상징할 수도 있다. '달팽이관을 지나 목구멍 안쪽에서 달그락 소리가 난다'는 것으로 시작하고 있다. 우리 몸은 여러 기관으로 이루어져 있는데 특히, 눈과 귀와 입은 연결되어 있다고 해도 과언이 아니다. 어떤 한 부분의 현상이 나비효과로 다른(엉뚱한?) 결과를 가져올 수도 있다는 상상으로 이어질 수 있겠다. '털게가' '접시 위에서 집을 지은' 상상이 재미있다. 우리는 모두 타인에게 말과 행동으로 상처를 주고 또한 그 상처가 다시 나에게 돌아오는 상황들을 마주하는데 '간질거리는 소리 당신에게 보낸 내가/ 나에게 돌아와 다시 부딪힌다'라고 표현하고 있다. 상처의 상황들은 지나갔지만, 흔적은 '이명'으로 남게 되는 것이다.

서랍장 아래 침대가 누워

내 방 침대는 다리가 없다 있다고 하면 안개처럼
서 있겠다
입체적이지 않은 그림자가 침대 아래에서 다리를
뻗고 있을 수도 있겠다
침대가 나의 것이 아니거나 내 방이 아니거나

머리를 숙여 헤아려보면 그림자를 만날 수 있을까

막이 내린 무대처럼 서랍장이 서 있다
닫혀있는 서랍장 아무도 없는 무대 움직임도 소리
도 없다
서랍장이 열려있다면 나의 방이 아니다 텅 빈 객석
을 향해 나는 독백을 한다

불안을 닫는 습관처럼 통창인 나의 방 창문에는 커
튼이 내려져 있으리라

나의 방에는 거울이 없다 있다고 하면 거울 속에
쌍둥이가 살 수도 있겠다

나 아닌 내가 수직의 말을 걸어오면
어찌한단 말인가 통증은 잠시 가라앉을 뿐

흐린 날은 가고 달빛이 달려드는 날이 오면
침대에 말간 다리를 세우고 커튼을 열어
통증의 목소리로 꿈을 꿀 수 있을까

－「서랍장 아래 침대가 누워」 전문

'서랍장 아래'는 보이지 않는 곳, 감추어진 공간을 상징할 수 있다. '드러나지 않은 진실', '잊힌 기억', '숨겨둔 비밀'을 가리키는 상징으로 쓰일 수도 있다. 보통 '서랍장 아래'에는 '침대'가 있을 수 없는데, 이 표현은 독특하게 공간을 전도시키거나 낯설게 하여 이미지를 만들 수 있다.

'내 방 침대는 다리가 없다' '서랍장이 열려 있다면 나의 방이 아니다' '나의 방에는 거울이 없다'라고 화자는 정의하고 있다. '내 방 침대에 다리가' '있다고 하면' 침대 아래를 들여다보는 상상만으로 벌써 불안하다. 또한 '서랍장'은 반드시 '닫혀' 있어야만 한다. '열려 있다면' 그 또한 불안하다. '거울' 또한 가만히 들여다보면 나와 반대로 표현되는 것이 마치 '쌍둥이가 살' 것만 같다. 모든 불안요소 가운데서도 화자는 꿈을 꾼다. '흐린 날은 가고 달빛이 달려드는 날이 오면/ 침대

에 말간 다리를 세우고 커튼을 열어/ 통증의 목소리로
꿈을 꿀 수 있을까' 라고. 그 날은 반드시 오고야 말 것
이라고 스스로 다짐하며 또한 모든 이들에게 그럴 것
이라고 확답을 받고자 한다.

우편함을 들여다보는 손이

언덕이 우체통을 들고 있었다
파도가 너의 안부를 물었다
소라가 보이는 엽서에 궁금해하지 않을 나의 안부
를 넣어
서성이고 있다 우체통 앞을

바다를 향해 손을 내밀었다
가지런한 손가락 사이에서 시작되는 손금이 무질
서하게 고요하다
맞잡은 손이 안부를 찾는다
세밀한 손금이 귀를 기울이지만 적막만 돌아올 뿐
이다
길은 꿈으로 이어진다는 너의 말과 달리 꿈은 더
이상 길이 되지 않는다

넓은 품이 끝없이 이어진 바다
가늠할 수 없는 깊이로 파도마저 품었을지도

바다는 종일 쉬지 않고 널뛰기를 한다
언덕에서 내려다보는 마음이 바다에 닿는다
화들짝 놀란 마음이 튀어 올라 하늘을 헤집는다

집으로 들어오다 걸음이 멈춘 집 현관
빈 속을 드러내며 우편함이 입을 벌리고 있다
입 벌린 우편함을 닫는 손

바다는 옷소매에 남아
주머니 속 몽돌 두 개
차르르 차르르 부딪히고 있다

-「우편함을 들여다보는 손이」 전문

'우편함을 들여다' 본다는 것은 실재 물리적인 '우편
함' 안의 내용을 확인하는 행위나, '우편함'이라는 매
개를 통해 정보나 소식을 확인하는 행위, 혹은 비유적
으로는 내면의 무언가를 탐색하는 행위를 나타낸다.
단순히 '우편'물을 확인한다는 일상적 행위뿐 아니라,
기대, 그리움, 두려움, 설렘 같은 감정이 자연스럽게
담길 수 있다. 누군가의 마음을 '들여다보는' 것에 빗
대어, '우편함'이 마음속에 있는 중요한 무언가를 상징
하며, 이를 확인하는 행위를 '우편함을 들여다보는'으
로 표현할 수도 있겠다.

2연 2행 '가지런한 손가락 사이에서 시작되는 손금이 무질서하게 고요하다'에서 '무질서하게 고요하다'에 집중해보자. '무질서'와 '고요'는 정반대의 의미를 내포하고 있다. 역설적으로 혼돈 속에서 오히려 평화로운 상태를 느낄 수도 있을 것 같다. '우편함을 들여다보는 손'에서 '입 벌린 우편함을 닫는 손'으로 표현한 것도 비슷한 맥락으로 읽힌다.

마흔아홉의 꿈

꿈
생각만 해도 설레는 말이다
꿈을 꾼다는 것에 생동감이 느껴진다
펄떡펄떡 뛰는 심장소리

어릴 적 밤마다 꿈에서 귀신에게 쫓기기도 하고 낭떠러지에서 떨어지다가 때로 나뭇잎처럼 바람에 날아가기도 했던 꿈.
그래서일까. 어릴 때는 꿈이 많았다 가수가 되고 싶었고 서예가가 되고 싶었다가 선생님이 되고 싶었다 꿈이 뭐냐고 물어오는 사람들도 많았다 무언가가 되고 싶었다 좀 더 멋진 어른이 되고자 했다

마흔아홉에 다시 꿈을 꾼다

꿈은 연분홍색이다
한 겹 한 겹의 꿈들이 피어나
연분홍 장미로 마흔아홉의 꿈으로 만개하길 소망
한다

– 「마흔아홉의 꿈」 전문

마흔아홉은 49세를 가리키는 숫자이기도 하지만, '아홉수'가 겹쳐 인생의 중요한 전환점이나 변화를 암시하는 나이로 인식되기도 한다. 또한 40세가 '불혹(不惑)'이라 하여 세상일에 흔들리지 않는 경지에 이르는 것을 의미하는 것과 달리, 마흔아홉은 인생의 마무리와 새로운 시작의 기로에 서 있다는 느낌이다.

화자는 '설'렘을 '펄떡펄떡 뛰는 심장소리'로 느낀다. 살아가면서 '꿈'은 희미해지기도 변질되기도 한다. 어쩌면 잊고 살 때가 많을지도 모른다. 그럼에도 화자는 다시 '꿈'을 꾸고자 한다. '꿈은 연분홍색이다'라고 정의하는 동시에 모든 이들의 꿈을 응원한다.

접혀있던 페이지가

책을 버리려다 펼쳤다 접혀있던 페이지를
읽었다 찌그러지고 깨진 활자

잊고 있었던 문장이 나를 붙잡는다

바싹 마른 책에서
먼지같이 떠다니는 문장
새벽의 문턱에서 두피를 긁는다
각질이 떨어진다
닥터피시가 몰려드는 상상을 한다

나에게서 떨어져 나갔던 한 페이지가
당신을 벤다 20대 30대
우리는 무엇을 버리려 했던가

버리려 했던 문장이 하루를 붙잡는다
닥터피시가 각질을 몰아
접혀있던 페이지 한올 한올 일어난다

구석진 자리를 박차고
누워있던 문장을 세워보자

– 「접혀있던 페이지가」 전문

  '접혀있던 페이지'는 과거에 묻어두었던 이야기나
감정, 기억을 상징한다고 볼 때, '접혀있던 페이지'가
펼쳐진다고 하면, 그동안 감춰져 있던 기억이나 감정

이 드러나는 상황을 의미할 수 있다. 접힌 페이지가 펼쳐진다는 것은 새로운 이야기가 시작되거나, 새로운 장을 열게 되는 변화의 상징일 수도 있겠다.

'먼지같이 떠다니는 문장'이 '나를 붙잡'고 오롯이 나를 건져 올릴 수 있다. 시를 쓰는 작업도 이와 비슷하다. 시어 하나 문장 하나를 발견하고 생명을 불어넣어 시를 완성해 나가는 것, 삶을 살아내는 힘이 시 쓰는 일과 일반 다르지 않다고 할 수 있겠다.

한선미 시인의 세 번째 시집을 기대하며…

박현숙(시인)

나는 늘 두리번거리다가 깜깜해지는 사람이다
눙치는 재주도 없는
시인은 이런 나에게 1집에 이어 2집의 격려글을 부탁했다
무슨 말로 격려할까
충분히 지혜로운 삶을 살고 있는 그녀였기에
어떤말로 내 마음을 고스란히 전달할 수 있을까

우리들이 한 몸으로 잉태되던 태초는 슬픔인가요

내가 그렇게 아파하며 방황할 때에 당신이 내 눈에
들어왔어요 한눈에 나를 보는 것 같았어요 당신도 애
타게 나를 찾고 있었던가 봐요 우린 서로를 느끼고
있었던 거예요 헤어져 살기엔 그리움이 크다는 것을,
당신과 내가 한 몸이기 위해 무척이나 애썼지만 벌써
썩어 들어가는 몸을 회복시키기엔 역부족인가 봐요

어찌할 바를 모르고 울고만 섰는데 당신은 가만히 내
손을 잡으며 촉촉하게 미소 짓네요
　　　　　　　　　　　　　　－ 한선미 「삼 쌍둥이」 부분

　1집에서 시인의 삶은 "어찌할 바를 모르고 울고만"
서 있는 다른 존재에게
　"손을 잡으며 촉촉하게 미소짓는" 존재로서의 삶을
살았다면
　2집에서의 시인은 결연하다

　　우울증이 모서리에 부딪혀요
　　보이지 않았던 어둠이 환장하게 일어서요
　　해피엔딩과 세디엔딩의 어디쯤
　　벽들은 퍽 닮아 있어요
　　생각이 모서리에서 굴절돼요 네모지게 구르고 또
　　굴러요
　　매듭은 세모로 동그라미로
　　모서리에서 끝난 모서리가 또 시작해요

　　머릿속의 정원 팔을 뻗어요
　　하늘을 향해 웃자란 가지는 싹뚝 가지치기를 해야
　　해요
　　잎사귀를 떨구며 겨울을 지고 가요
　　자작나무의 맨살은 겨울 속을 달려요

무성했던 나뭇잎이 어둠을 떨어뜨릴 때
절대값과 상대값은 연결되어 있어요

귀퉁이 텃밭에 문장을 심어요 겨울이 시작될 때 아
주심기를 해요
칼바람을 견디면 문장에 힘줄이 생기지요
문장이 깊어갈수록 겨울은 달고 맛있어지지요

바람이 적당하고 햇볕이 적당해요
옆구리가 생각을 접고 접어서 종이비행기처럼 날
려요
　　　　　　- 한선미 2집 「모서리가 꼬리를 물면」 전문

　귀퉁이 텃밭에 문장을 심어 겨울이 시작될 때 아주
심기를 해야 한다는
　시인으로 살 수밖에 없는 운명을 본다
　귀퉁이라는 옹색한 장소에서 칼바람을 맞으며 단단
해 질 거라고 한다
　그러나 '시'와 '나'와의 동일화 과정에서 갇히는 존
재가 아니라
　바람과 햇볕만 적당하면 생각을 접고 접어서
　종이비행기처럼 날려버리고 싶은 자유로운 존재다

　필자도 시인이라는 자부심으로 가슴이 뛰었던 날들

이 있었다
　자음과 모음이 끊임없이 말을 걸어와
　욱여넣고 쌓아놓은 희미한 것들을 밝게 만들어 주
었다

　　　가마우지 새처럼
　　　삶이 벼랑에 매달렸다고 생각될 때
　　　常同症 환자처럼
　　　허공만 걷어 올리고 있을 때
　　　시는 그렇게
　　　수혈을 하며 내게 다가왔다

　　　작은 것 속에 세계가 있는가
　　　박명의 시간
　　　존재의 틈 바퀴에서
　　　시어들은 충혈되어 박히고
　　　눈 갓은 매워왔다
　　　쓰고 버린 숱한 글자들이
　　　잊혀진 이름위에
　　　한 자락 짙은 그늘로 드리워지는 때

　　　시가 그렇게 나에게 왔다
　　　　　　　　　－ 박현숙 「시가 나에게 왔다」 부분

그러나 나는 안다
언제부턴가 말 보태기가 버거워지고
낮은 한숨을 쉬는 날들이 잦아졌다는 것을
아, 봄날은 갔구나
시가 나에게 왔다가 떠나버린 그 자리에
오롯한 그리움만 남았다

그러나
격려글을 생각하며 만난 시 한편에서
우리는 살면서 쉽게 내려놓을 수 없는 자신의 일부
가 있다는 것을 알았다

　　울음 살결, 소리 살결 슬픔의 소리테가 소리 없이
둥글게 돈다 많이 느려졌다 여름내 징 한 채로 울고
울던, 울음으로 닳아진 살결 그래도 가을 살결엔 햇
살 꼬리가 남아돈다 세상에, 슬픔도 끝자락에선 빛으
로 머무는 걸 본다 쉽게 놓지 않는다 둥글다 닳아진
징바닥 하나로 둥글게 남은 네 가슴 아무래도 많이
얇다 얇아서 깊이가 보이기 시작한다
　　　　　　　　　　　　　　　- 정진규 「늦가을」 전문

　가을보다 먼저 저물던 나에게 시가 또다시 수혈을
하였다
　피돌기가 느껴졌다

꽃의 생기와 나뭇잎의 흔들림
미루어 두었던 나의 말은
텅텅 빈, 하지만
무엇이 저 하늘의 푸른색을 저토록 깊게 했겠는가

　　문학
　　길을 잃고 흉가에서 잠들 때
　　멀리서 백열전구처럼 반짝이는 개구리 울음

　　시인의 독백
　　"어둠속에 이 소리마저 없다면"
　　부러진 피리로 벽을 탕탕 치면서」

　　　　　　　– 진은영 「일곱 개의 단어로 된 사전」 부분

詩作.
이 무거운 작업은 시지프스의 바윗돌을 밀어올리 듯
가슴에 사무친다고 할 수밖에 없는 것 같다
부러진 피리를 탕탕치면서도 나아가야 하니까

　　"내 이세상 도처에서 쉴 곳을 찾아 보았으되, 책이
　　있는 구석방보다 나은 곳은 없더라"

　　　　　　　– 움베르트 에코 「장미의 이름」

모든 재능은 시간의 시험대를 거쳐야 완성되는
시인에게 시란 구석방이다 엉덩이와 밀착된 시간
이다
그렇게
새로 눈 뜨고 보는 하늘 한 가운데에서

　　장지에 뚫린 창호지가
　　툭,툭, 뚫리듯,

　　머리 위 여기저기서 하늘이 뚫린다.
　　불쑥, 불쑥, 꽃봉오리들이 목을 빼 들이민다.
　　가득하게 한 입씩 햇살을 베어문다
　　　　　　　　　　　　　− 위선환 「백목련꽃」 부분

'아내는 빨간 구두를 꿈꾼다'의 시인 한선미.
　'모서리가 꼬리를 물면'을 내며 그 단단함의 모서리
를 둥글게 만들었다 그곳은 문장의 향연이 펼쳐지는
시끌벅적한 마당이 된다 그녀를 속이기도 하는 생활이
되기도 하고 우리의 작은 마음들이 질펀하게 놀기도
한다.
　그러나 탯줄을 길게 끌고 다니며 다시 쓰는 회귀의
장소가 된다.

　그렇게,

묵묵히 일상과 호흡하며 중심을 잡는 그녀에게
희망은 늘 확고하여 도전적이고 고무적이다
부디 그 안간힘의 뒤안길이 많이 힘들지 않기를 바
라며

한 입씩 햇살을 베어 문 꽃문장들이
많은 사람이 걷는 길이 되고 꿈이 될 것이다

격려한다!
한선미 시인의 2번째 시집을 진심으로 축하하는 것
은 3집을 기대하기 때문이다.

모서리가 꼬리를 물면

2025년 11월 10일 초판1쇄 펴냄

지은이 _ 한선미
펴낸이 _ 라문석
편집장 _ 김옥경
디자인 _ 장상호

펴 낸 곳 _ 도서출판 두엄
등록번호 _ 제03-01-503호
주　　소 _ (41969) 대구광역시 중구 명륜로12길 21
대표전화 _ (053) 423-2214
전자우편 _ dueum@hanmail.net

ⓒ한선미, 2025
ISBN 979-11-93360-29-3 03810

＊이 시집은 ● 경상남도, ▢ 경남문화예술진흥원의 문화예술 지원을
　보조받아 발간되었습니다.